Koordination mit der Interkantonalen Lehrmittelzentrale

Autorenteam
Katrin Bölsterli Bardy
Patric Brugger
Maja Brückmann
Eva von Fischer
Thomas Flory
Maria Jakober
Susanne Metzger
Lorenz Möschler
Nicole Müller
Stephanie Naki
Christof Oser
Gaby Schweizer
Nicole Schwery
Sebastian Tempelmann
Markus Vetterli
Juliette Vogel
Claudia Zenklusen
Annina Zollinger

Fachliche und fachdidaktische Beratung
Maja Brückmann, PH Zürich
Thomas Flory, Naturama Aarau
Marianne Gujer, éducation 21, Bern
Matthias Hoesli, PH Luzern
Barbara Jaun, PH Bern
Katharina Kalcsics, PH Bern
Patrick Kunz, PH St. Gallen
Susanne Metzger, PH Zürich
Eugen Müller, MeteoSchweiz, Zürich
Barbara Rödlach, éducation 21, Bern
Markus Vetterli, PH Zürich
Juliette Vogel, Globe Schweiz, Bern
Doris Wäfler, Bern
Markus Wilhelm, PH Luzern
Hans Peter Wyssen, Schulverlag plus, Bern

Entwicklungs- und Erprobungsarbeiten
Wir danken allen Personen, die uns bei der Entwicklung der Materialien mit Informationen, Abklärungen, Hinweisen, Unterlagen und Gesprächen unterstützt und geholfen haben.

Projektleitung
Bruno Bachmann

Lektorat
Maria Jakober, Text Umwelt, Stalden
Gaby Schweizer, Pfaffhausen

Herstellung
Michael Scheurer

Rechteabklärungen
Katja Iten

Grafische Konzeption und Gestaltung
Marion González
fischer design, Würenlingen

Grafisch konzeptionelle Beratung
Mischa Kulhánek, Schule Oftringen

Illustrationen
Julien Gründisch, Baden
Karin Widmer, Bern
Marion González, Würenlingen

Satz- und Bildbearbeitung
würmlibicker gmbh, Baden

Bildbearbeitung Umschlag
Widmer & Fluri GmbH, Zürich

Schulverlag plus AG, Bern
Lehrmittelverlag Zürich

© 2017
Schulverlag plus AG,
Lehrmittelverlag Zürich
1. Auflage 2017

Schulverlag plus AG
Art.-Nr. 86094
ISBN 978-3-292-00808-4
www.schulverlag.ch

Lehrmittelverlag Zürich
Art.-Nr. 266 001.00
ISBN 978-3-03713-716-1
www.lmvz.ch

www.na-tech.ch

Nicht in allen Fällen war es dem Verlag möglich, den Rechteinhaber ausfindig zu machen. Berechtigte Ansprüche werden im Rahmen der üblichen Vereinbarungen abgegolten.

Das Werk und seine Teile sind urheberrechtlich geschützt. Nachdruck, Vervielfältigung jeder Art oder Verbreitung – auch auszugsweise – bedarf der vorherigen schriftlichen Genehmigung des Verlages.

Liebe Schülerin, lieber Schüler

Du hast sicher bereits viel Spannendes über die Natur und zu Technik erfahren. In diesem Buch kannst du mehr dazu betrachten, lesen und mit anderen darüber sprechen. Genauso machen es alle Menschen, die sich für etwas interessieren: Sie untersuchen spannende Dinge, lesen und reden mit anderen Menschen darüber.

Viel Spass und Erfolg beim Erkunden, Entdecken und Forschen.

Liebe Lehrerin, lieber Lehrer

Das Themenbuch ist ein Teil des ganzen Lehrmittels **NaTech 1|2**. Im Kommentar für Lehrpersonen, dem Kommentar online, beschreiben Aufgabensets wie Sie mit den Schülerinnen und Schülern in ein Thema eintauchen können. Dabei beziehen Sie die Erfahrungen und das Vorwissen aus der Lebenswelt der Kinder mit ein.

Das Themenbuch wird meist erst in einer zweiten Phase des Unterrichtsablaufs eingesetzt. Damit werden wichtige Konzepte und Zusammenhänge nochmals aufgezeigt und die Themen mit Fragen vertieft und geübt. Die Kinder bringen also bereits Vorwissen und Erkenntnisse mit, wenn sie die Texte und Abbildungen im Buch erschliessen.

Viel Spass und Erfolg beim Entdecken und Forschen im Bereich von Natur und Technik zusammen mit Ihren Schülerinnen und Schülern.

STOFFE
Stoffe überall
Sammle, ordne, bearbeite Stoffe aus dem Alltag.
Seiten 6–11

TECHNIK
Spielen und entdecken!
Erkunde Geräte und Bewegungen.
Seiten 12–17

SINNE
Was siehst du? Was hörst du?
Erkunde deine Sinne, Licht und Geräusche.
Seiten 18–23

KÖRPER
Was kann dein Körper?
Entdecke, wie dein Körper funktioniert.
Seiten 24–29

VIELFALT
Was lebt in deiner Nähe?
Erkunde die Vielfalt Lebensräumen.
Seiten 30–37

Stoffe überall

Sammle, ordne und bearbeite Stoffe aus dem Alltag.

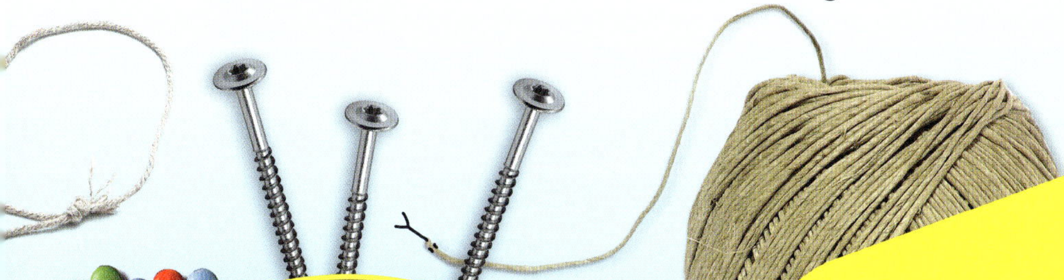

1. Was entdeckst du auf den Bildern? Woraus bestehen die Dinge?

2. Ivo hat seine Sachen aufgeräumt. Wie hat er geordnet? Könntest du auch anders ordnen?

3. Warum sind die drei Bürsten beim mittleren Kreis aus verschiedenen Materialien gemacht?

Die Welt besteht aus Stoffen

Stoffe kommen in verschiedenen Formen vor.

Die Welt um uns herum besteht aus Stoffen. Stoffe können fest sein. Sie können aber auch flüssig sein. Sie können auch ein Gas sein.

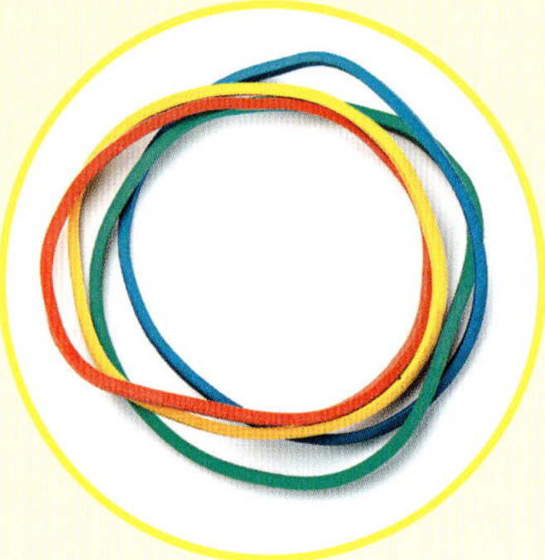

Betrachte Stoffe.

1. Welche Stoffe sind fest?
2. Welche Stoffe sind flüssig?
3. Welche Stoffe sind ein Gas?

Flüssigkeiten unterscheiden sich

Es gibt viele verschiedene Flüssigkeiten.
Du kannst sie untersuchen.

Flüssige Stoffe unterscheiden sich voneinander.
Manche Flüssigkeiten sind klebrig.
Andere nicht. Du kannst untersuchen, was
Flüssigkeiten unterscheidet.

Erforsche Flüssigkeiten.

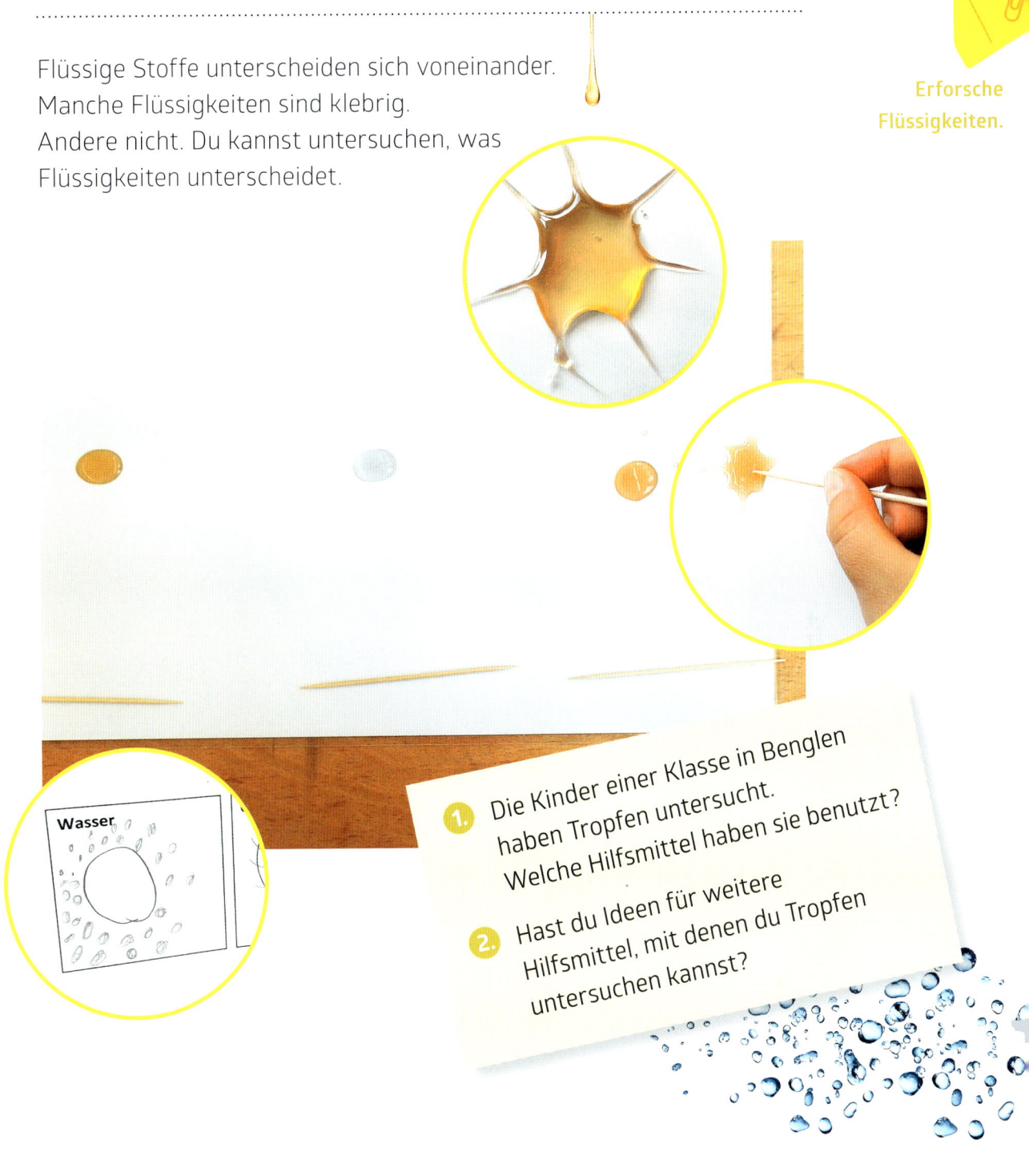

1. Die Kinder einer Klasse in Benglen haben Tropfen untersucht. Welche Hilfsmittel haben sie benutzt?

2. Hast du Ideen für weitere Hilfsmittel, mit denen du Tropfen untersuchen kannst?

Feste Dinge unterscheiden sich

Es gibt verschiedene feste Stoffe. Du kannst sie untersuchen und Unterschiede finden.

Untersuche feste Stoffe.

Feste Stoffe unterscheiden sich voneinander. Sie sind verschieden hart. Oder sie wärmen sich an der Sonne verschieden schnell auf.

1. Schaue die Bilder an. Welche festen Stoffe siehst du?
2. Wie könntest du herausfinden, ob die Stoffe unterschiedlich hart sind?

Stoffe nochmals brauchen

Viele Stoffe werden bearbeitet, damit man sie wieder brauchen kann.

Jonas und Sina haben aus Karton ein Flugzeug gebaut. Nun muss es in die Kartonsammlung. Die beiden Kinder helfen ihrer Mutter, den Karton zu bündeln. «Was geschieht eigentlich mit dem Karton?», fragt Sina. «Das ist doch klar», sagt Jonas. «Daraus wird wieder Karton gemacht.» «Wie wird aus Karton wieder Karton?», fragt Sina.

Bearbeite Karton.

1. Überlege dir: Was wird in einer Fabrik gemacht, damit aus Karton wieder Karton wird?

Spielen und entdecken

Erkunde Geräte und Bewegungen.

1. Die Kinder bewegen verschiedene Dinge. Wo bewegen die Kinder etwas?

2. Suche dir fünf Situationen aus. Beschreibe, was sich bewegt. Beschreibe, wie es sich bewegt.

Was steckt da drin?

In manche Geräte sehen wir nicht hinein. Interessiert dich, wie sie funktionieren?

Beschreibe, wie der Wasserhahn funktioniert.

Wie viele Male hast du heute den Wasserhahn benutzt? Jedes Mal fliesst Wasser heraus. Aber du siehst nicht, wie das funktioniert. Die Fotos helfen dir herauszufinden, was beim Drehen im Innern passiert.

1. Was siehst du im Wasserhahn?
2. Wo hat es bewegliche Teile?
3. Wo braucht es harte Teile? Wo braucht es weiche Teile?
4. Wo fliesst das Wasser durch?

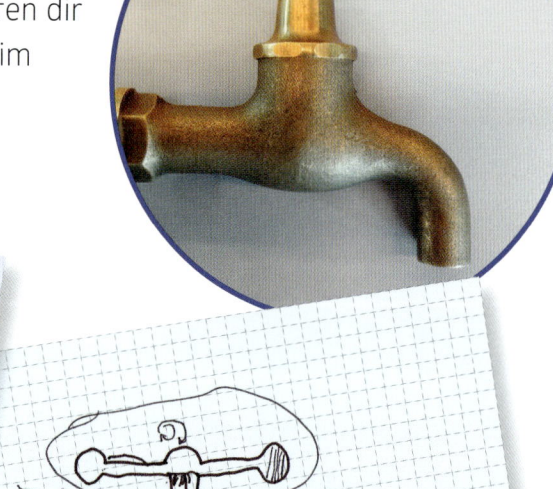

Wie funktioniert das?

Geräte bestehen aus verschiedenen Teilen.

Untersuche technische Gegenstände.

1. Suche dir einen Gegenstand aus. Wo hat es harte Teile? Wo hat es weiche Teile?
2. Wie halten die Teile zusammen?
3. Wo sind die Gelenke?
4. Welches sind die wichtigsten Teile?

Auf zum Spielplatz!

Spielgeräte können drehen, schwingen und wippen.

Untersuche und konstruiere Spielgeräte.

Wer ein Spielgerät baut, überlegt sich viel. Zum Beispiel muss das Spielgerät stabil sein. Es muss gut im Boden verankert sein, sonst kippt es um. Und es muss funktionieren, ohne dass es gefährlich wird.

1. Wo sind bewegliche Teile?
2. Wo braucht es harte Teile? Wo braucht es weiche oder elastische Teile?
3. Welches sind die wichtigsten Teile?
4. Warum hat man dieses Material genommen?

Technik · Spielen und entdecken

Licht für den Spielplatz

Wenn es dunkel wird, beginnen auf Spielplätzen die Lampen zu leuchten. Du kannst ein Modell für eine Beleuchtung bauen.

Untersuche Stromkreise.

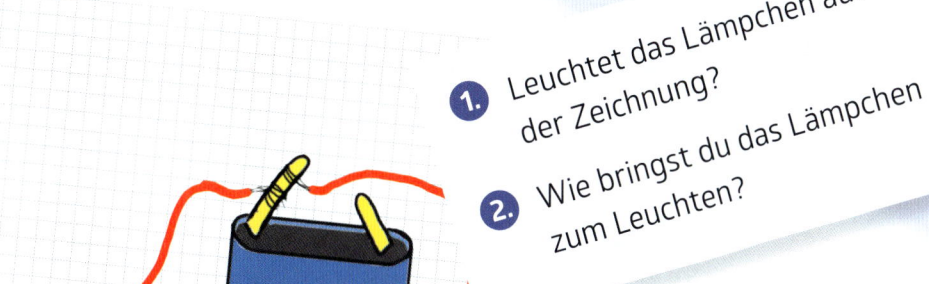

1. Leuchtet das Lämpchen auf der Zeichnung?
2. Wie bringst du das Lämpchen zum Leuchten?

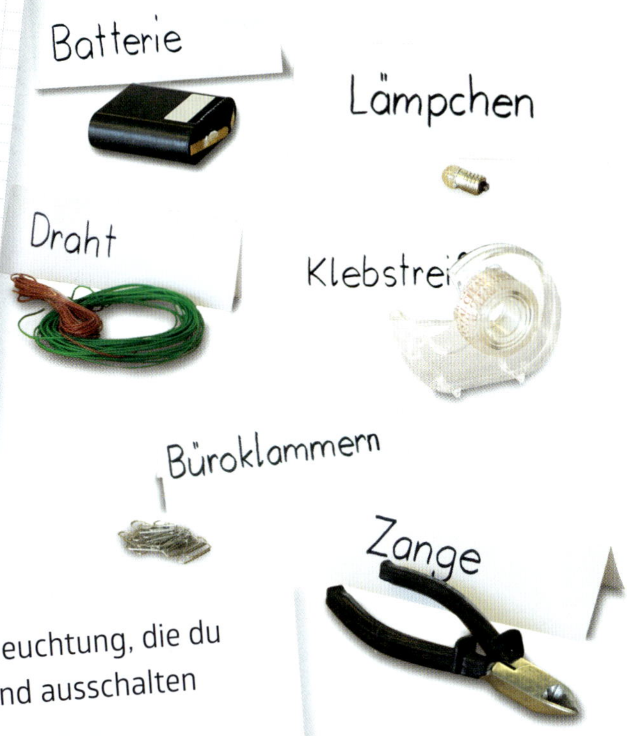

 Batterie

 Lämpchen

 Draht

 Klebstreifen

 Büroklammern

 Zange

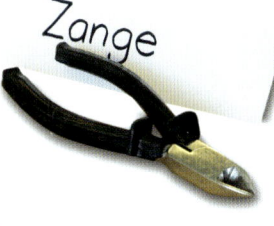

1. Baue eine Beleuchtung, die du einschalten und ausschalten kannst.
2. Zeichne auf, was du gebaut hast.

NaTech 1|2

Was siehst du? Was hörst du?

Erkunde deine Sinne, Licht und Geräusche.

1. Eine rote Ampel heisst «Stopp»! Siehst du weitere Signale auf dem Bild? Was bedeuten sie?
2. Was riechen, hören, sehen, schmecken oder fühlen die Leute?
3. Welche Sinne brauchen sie?

Sinne · Was siehst du? Was hörst du?

Töne und Geräusche

Was du hörst, entsteht unterschiedlich.

Beschreibe Töne und Geräusche.

Ein Ton hat immer eine bestimmte Höhe.
Töne kannst du nachsingen.

1. Womit kannst du Töne machen?

Ein Geräusch hat keine klare Tonhöhe.
Geräusche kannst du nicht nachsingen.

2. Kennst du weitere solche Geräusche?

  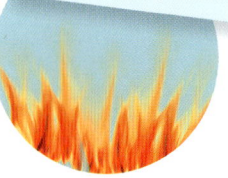

Regen prasselt auf den See. Der Haarföhn
bläst. Diese Geräusche verändern sich kaum.

3. Kennst du weitere Beispiele?

Der Donner kracht leise und laut. Der Hund
winselt und bellt. Diese Geräusche
verändern sich.

NaTech 1|2

Lärm und Ruhe

Nicht für alle Menschen bedeutet Lärm dasselbe. Ruhe auch nicht.

Manche Töne und Geräusche sind sehr laut. Laute Töne und Geräusche schädigen das Gehör.

Denke über Lärm nach und benenne Lautstärken.

… wenn man schreit.

… wenn wir schlafen.

… wenn es viele Autos hat.

… wenn ich allein bin.

… wenn das Flugzeug startet.

… wenn alle schreiben.

1. Was ist für dich Lärm? Schreibe oder zeichne deine Gedanken auf grüne Zettel.

2. Was ist für dich Ruhe? Schreibe oder zeichne deine Gedanken auf gelbe Zettel.

3. Vergleicht eure Notizen und Zeichnungen.

Benenne Lichtquellen.

Woher kommt Licht?

Alles, was Licht ausstrahlt, ist eine Lichtquelle.

Licht kann aus unterschiedlichen Quellen stammen. Die wichtigste Lichtquelle für uns ist die Sonne. Die Sonne ist für unser Leben unverzichtbar. Licht ist auch nötig, damit wir Dinge sehen können.

1. Beschreibe die Lichtquellen auf den Bildern.
2. Kennst du weitere Lichtquellen?
3. Welche sind besonders hell?

Licht und Schatten

Lichtquellen machen, dass Gegenstände Schatten werfen. Schatten kannst du erforschen.

Die Lichtquelle, der Gegenstand und sein Schatten gehören zusammen. Sie sind immer auf einer Linie.

Erkunde Schatten.

1. Welcher Schatten entsteht bei den Lichtquellen auf den Bildern?

2. Welche Lichtquelle wirft den gezeichneten Schatten?

Was kann dein Körper?

Lerne deinen Körper zu schätzen und zu schützen.

1. Was erleben die hier dargestellten Kinder?
2. Für welche Tätigkeiten benutzen die Kinder ihren Körper?
3. Wie schützen sich die Kinder im Strassenverkehr?
4. Wovor schützen die Kinder ihren Körper?

Warum hast du Haare?

Alles an deinem Körper hat eine Aufgabe.

Dein Brustkorb schütz dein Herz.
Deine Schädelknochen schützen
das Gehirn.

Lerne Eigenschaften von Körperteilen kennen.

1. Kennst du weitere Körperteile, die schützen?
2. Welche Körperteile sind empfindlich?
3. Beschreibe die grünen Körperteile Was können sie?
4. Beschreibe den roten Körperteil. Was kann er?
5. Überlege, warum du Haare hast.

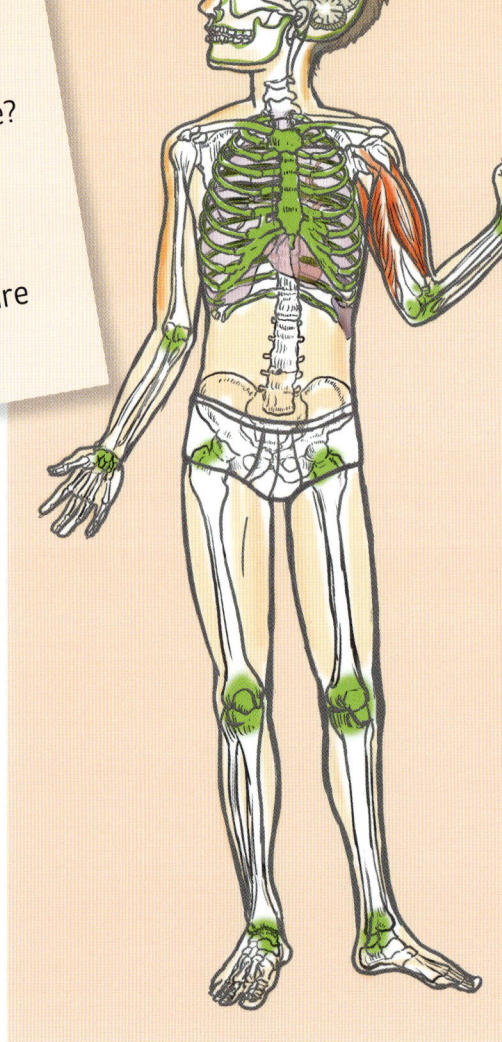

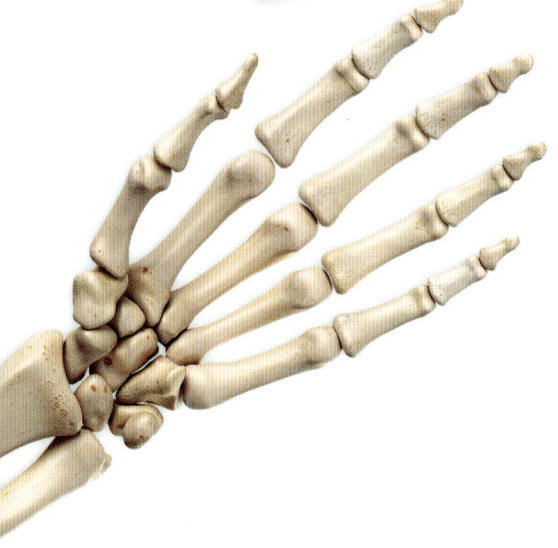

Was wäre, wenn?

Der Mensch hat fünf Sinne. Jeden Sinn gebrauchst du unterschiedlich stark.

Das Hören, Sehen, Spüren, Schmecken und Riechen sind wichtig. Du kannst damit wahrnehmen, was um dich passiert. Es gibt Menschen, die haben nicht alle fünf Sinne. Ein Kind, das nicht hören kann, ist gehörlos. Ein Kind, das nicht sehen kann, ist blind.

Erkunde die Sinne.

1. Betrachte die Bilder. Was hören die Kinder? Was sehen sie? Was spüren sie? Was schmecken sie? Was riechen sie?

Wie essen die Menschen in Japan?

In der Schweiz essen viele Menschen mit Besteck.
Sie essen an einem Tisch. Das ist nicht in allen Ländern so.

Entdecke verschiedenes Essen.

In Japan knien die Menschen zum Essen
auf dem Boden. Sie trinken Tee dazu.
Sushi, Nudelsuppe oder Reissuppe essen
sie oft. Die Suppe schlürfen sie aus
einem Becher. Sie essen mit Stäbchen.

In Indien wird mit vielen Gewürzen gekocht.
Viele Menschen essen kein Kuhfleisch.
Kühe sind in Indien heilige Tiere.

1. Vergleiche die Essgewohnheiten in Japan und Indien mit deinen Essgewohnheiten. Was ist gleich? Was ist anders?
2. Kennst du Speisen aus anderen Ländern, die du in der Schweiz essen kannst?

Essen und Trinken selbst gemacht!

Eine Mahlzeit besteht aus etwas zum Essen und einem Getränk. Das kannst du selber zubereiten.

Bereite eine Mahlzeit zu.

Kräuter Quark mit frischem Brot für 5 Pers.

- 200g Magerquark — in eine Schüssel geben
- Wenig Salz — über den Quark streuen
- Wenig Pfeffer — ”
- Kräuter, z.B.: Petersilien, Schnittlauch, Bärlauch, Majoran, Liebstöckel, Kerbel, Basilikum — fein schneiden und unter den Quark mischen
- 4 Scheiben Brot — Kräuterquark darauf streichen

Apfel Minze Spritz für 5 pers

- 1 Handvoll Pfefferminze — in den Krug geben
- 2 Esslöffel Honig (oder Zucker) — ”
- 4 dl Wasser — im Wasserkocher zum Kochen bringen, darüber giessen, auskühlen lassen, absieben
- 1 Zitrone — auspressen, Saft in Krug geben
- 2 dl Apfelsaft — ”
- 2 dl Mineralwasser — in die Gläser verteilen
- Pfefferminzblatt und fein geschnittene Zitronenschnitze — Getränk dazu giessen

1. Bereitet gemeinsam die Mahlzeit nach Rezept zu.
2. Kannst du eine andere Mahlzeit selber zubereiten?
3. Welche Mahlzeit möchtest du gerne selber zubereiten können? Für wen?

Was lebt in deiner Nähe?

Erkunde die Vielfalt von Lebensräumen.

1. Was gefällt dir besonders auf diesem Bild? Erzähle warum.
2. Welches Tier interessiert dich?
3. Über welche Pflanze möchtest du mehr wissen?
4. Was gefällt dir auf dem Bild am besten? Erkläre warum.

Bäume unterscheiden

Bäume können nach Merkmalen unterschieden werden. An Blättern und Nadeln kannst du sie besonders gut unterscheiden.

Lerne Pflanzenmerkmale erkennen.

Blätter > Laubbäume

Nadeln > Nadelbäume

Fichte

Fichte und Weisstanne sind bei uns häufige Nadelbäume. Du kannst sie an ihren Zapfen unterscheiden. Fichtenzapfen fallen ganz vom Baum. Bei den Weisstannen fallen nur die Schuppen herunter.

1. Du findest Tannenzapfen unter einem Baum. Ist der Baum eine Fichte oder eine Weisstanne? Begründe.

2. Betrachte die Bilder von Fichte und Weisstanne. Welchen Unterschied siehst du?

Weisstanne

Vielfalt · Was lebt in deiner Nähe?

Tiere zuordnen

Tiere können nach dem Aussehen oder Verhalten bestimmt werden.

Lerne Tiere zuordnen.

Frösche und Kröten sehen ähnlich aus.
Sie gehören zu den Froschlurchen.

Grasfrosch    Erdkröte

1. Erkennst du auf den Bildern Unterschiede zwischen Frosch und Kröte?

Wanzen kannst du einfach bestimmen: Auf ihrem Rücken siehst du ein auffälliges Dreieck. Die Spitze zeigt zum Hinterteil. Das Dreieck heisst Schildchen. Auch Käfer haben dies. Es ist aber viel kleiner.

2. Welches sind Käfer? Welches sind Wanzen?

 Alpenbock    Feuerwanze    Grüne Stinkwanze    Schnellkäfer

Vögel lassen sich nach ihrem Lebensraum oder ihrem Verhalten zuordnen. So gibt es Wasservögel, Greifvögel und Zugvögel. Die Kohlmeise ist ein Singvogel. Vögel lassen sich auch nach ihrem Gesang unterscheiden.

Tieren auf der Spur

Tiere lassen sich beobachten und hinterlassen Spuren und Hinweise. Mit verschiedenen Hilfsmitteln kannst du genau hinschauen und mehr über sie erfahren.

Entdecke Tiere und ihre Spuren.

Wildtiere sind scheu, bewegen sich schnell oder sind sehr klein. Wir brauchen deshalb Hilfsmittel, um sie zu beobachten. Oder wir untersuchen ihre Spuren.

1. Welche Lebewesen und Spuren siehst du hier?
2. Mit welchem Hilfsmittel würdest du diese Tiere, Pflanzen und Spuren beobachten oder untersuchen? Erkläre warum.

Lebensräume – wo Tiere und Pflanzen leben

Die Gebiete, in denen Pflanzen wachsen und Tiere sich aufhalten, werden Lebensräume genannt.

Befasse dich mit Lebensräumen.

Pflanzen können an Orten wachsen, an denen du sie nicht erwartest.

1. Was müssen die Pflanzen auf den Bildern können, um an diesem Ort zu wachsen?

Waldkauz und Reiherente leben in sehr verschiedenen Lebensräumen.

Waldkauz

Reiherenten

1. Vermute: Was frisst der Waldkauz? Was frisst die Reiherente?

2. Vermute: Wo baut der Waldkauz sein Nest? Wo baut die Reiherente ihr Nest?

Spannende Vielfalt

In einem vielfältigen Lebensraum leben viele verschiedene Pflanzen und Tiere.

Erlebe unterschiedliche Lebensräume.

In einem vielfältigen Lebensraum gibt es Verstecke für Tiere, blühende Blumen und Nahrung. Ist ein Lebensraum überall gleich, findet man weniger verschiedene Tiere und Pflanzen darin.

1. Überlege, wo du mehr Tiere und Pflanzen finden könntest. Erzähle warum.

Natürlich unordentlich

Tiere und Pflanzen leben besonders gut, wenn es in der Natur abwechslungsreich ist.

Befasse dich mit vielfältigen Lebensräumen.

1. Welche Unterschiede fallen dir zwischen diesen Lebensräumen und naturfernen Orten ein? Denke an einen Bahnhof oder einen Sportplatz.

2. Was würdest du gerne tun, damit mehr Tiere ums Schulhaus leben oder verschiedene Pflanzen auf dem Schulhausareal wachsen?

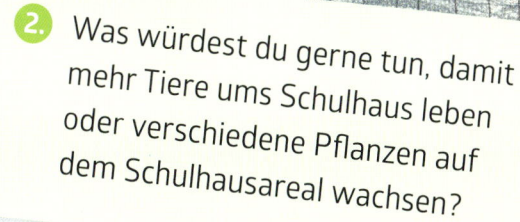

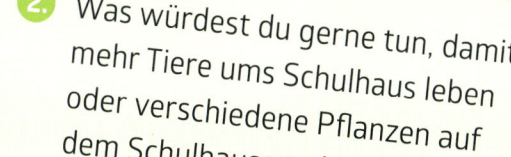

① BERG

Energie · NaTech 1|2

Überall tut sich etwas

Beschreibe, was sich verändert.

1. Beschreibe, was du auf den Bildern siehst.
2. Was ändert sich vom linken zum rechten Bild?

Auf die Höhe kommt es an!

Wenn Dinge nach unten rutschen oder fallen, spielt die Höhe eine Rolle. Die Höhe beeinflusst, wie schnell etwas wird.

Erkunde Lageveränderung.

Carla liebt es, schnell zu rutschen. Sie setzt sich oben an die gelbe Rutsche. Reto sitzt neben ihr. Er mag es lieber nicht so schnell.

1. Haben Carla und Reto die richtige Rutschbahn gewählt?
2. Carla und Reto möchten ein Wettrutschen machen: Wer landet zuerst im Wasser?
3. Welche Rutschbahn würdest du lieber nehmen? Warum?

Die Eltern begleiten Carla und Reto. Sie wollen auch rutschen. Sie warten oben an der violetten und roten Rutschbahn.

1. Die violette und die rote Rutsche starten auf der gleichen Höhe. Was meinst du: Bei welcher ist man unten schneller?
2. Die Eltern von Carla und Reto möchten ein Wettrutschen machen: Wer ist wohl zuerst im Wasser?

Energie · Überall tut sich etwas

Im Sommer kühl, im Winter warm

Erwärmung oder Abkühlung kannst du fühlen und messen.

Vergleiche Temperaturen.

1. Welche Sachen im Garten sind durch die Sonne warm oder sogar heiss geworden?
2. Gibt es auch kühle Stellen im Garten?

1. Warum haben die Kinder dicke Jacken, Mützen, Schals und Handschuhe an?
2. Eva trinkt eine heisse Milch. Warum hält sie die Tasse mit beiden Händen?
3. Urs schlittelt vor dem Trinken. Warum ist die heisse Milch nachher kalt?
4. Wie wäre die Milch warm geblieben?

Energie, die schmeckt!

Für alles was wir tun brauchen wir Energie. Sogar wenn wir nur schlafen.

Nahrungsmittel liefern uns Energie. Hier kannst du sehen, wie viel Energie sie enthalten. Die Menge der Energie wird mit roten Kästchen dargestellt.

Ordne Nahrungsmittel nach ihrer Energie.

1. Findest du die drei Nahrungsmittel mit der wenigsten Energie?
2. Welche drei Nahrungsmittel haben die meiste Energie?
3. Welche drei Sachen isst oder trinkst du am liebsten?

Energie · Überall tut sich etwas

Wo benötigst du elektrische Energie?

Dein Körper benötigt Energie, um zu funktionieren. Genauso benötigen elektrische Geräte Energie, um zu funktionieren. Diese Energie heisst elektrische Energie.

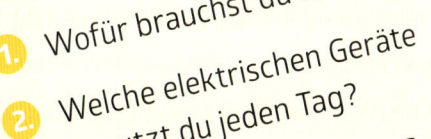

Beschreibe elektrische Energie im Alltag.

1. Wofür brauchst du elektrische Energie?
2. Welche elektrischen Geräte benutzt du jeden Tag?
3. Auf welche elektrischen Geräte könntest du verzichten?

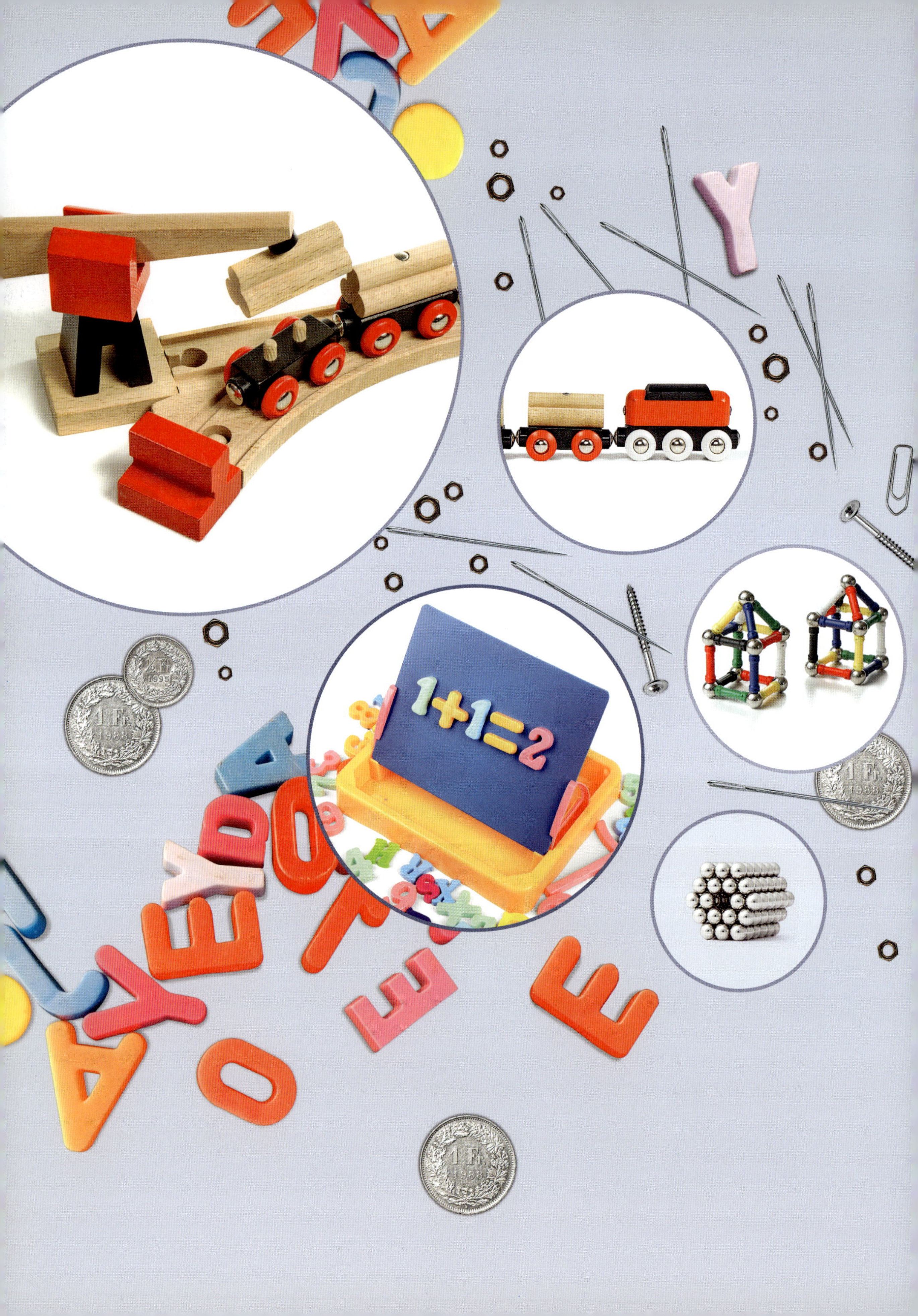
1+1=2

Magnetismus · NaTech 1|2

Was hält ein Magnet?

Erkunde magnetische Phänomene.

1. Manche Spielzeuge haben einen oder mehrere Magnete. Finde heraus, wo sich die Magnete befinden.

2. Wo ziehen sich die Teile an? Wo stossen sie sich ab?

3. Was zieht der Magnet unten rechts an?

Abstossen und anziehen

Magnete haben zwei Pole. Du kannst sie erforschen.

Untersuche Magnete.

Fabian spielt mit der Eisenbahn. An einem Wagen fehlt ein Magnet. Fabian findet einen alten Magneten in seiner Eisenbahnkiste. Er befestigt diesen Magneten am Wagen. Nun will er den Wagen an die Lokomotive hängen. Aber oh je: Auch wenn Fabian den Wagen dreht, wird der Wagen von der Lokomotive abgestossen.

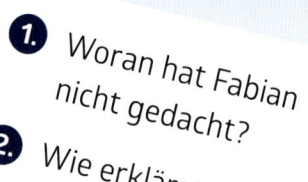

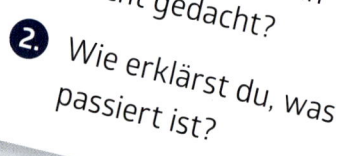

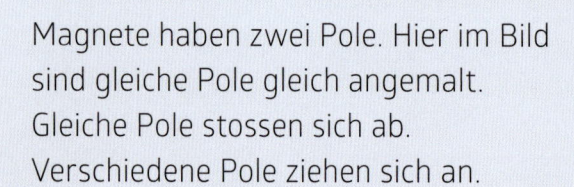

1. Woran hat Fabian nicht gedacht?

2. Wie erklärst du, was passiert ist?

Magnete haben zwei Pole. Hier im Bild sind gleiche Pole gleich angemalt. Gleiche Pole stossen sich ab. Verschiedene Pole ziehen sich an.

Magnetismus · Was hält ein Magnet?

Magnet und Kompass selbst gemacht!

Wenn du einen Magneten hast, kannst du einen zweiten, schwächeren Magneten machen. Was brauchst du dazu?

Stelle deinen eigenen Magneten und Kompass her.

1. Nimm einen Magneten. Fahre mit einer Seite des Magneten über einen Nagel. Wiederhole das viele Male. Streiche immer von der Mitte gegen dasselbe Ende.

2. Nähere dich mit dem Nagel einer Büroklammer. Was passiert?

Nun weisst du, wie man einen Nagel zu einem Magneten machen kann. Das geht auch mit einer Nadel. Und damit ist der Weg zum Kompass nicht mehr weit. Damit kannst du Norden und Süden finden.

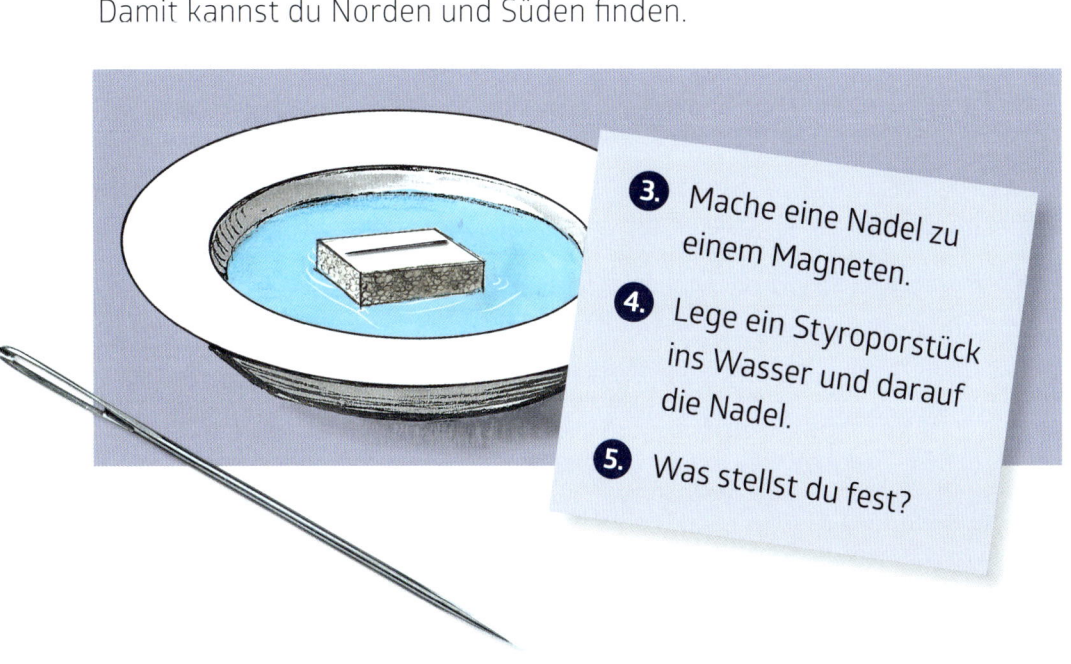

3. Mache eine Nadel zu einem Magneten.

4. Lege ein Styroporstück ins Wasser und darauf die Nadel.

5. Was stellst du fest?

Wer ist der Stärkste?

Magnete sind verschieden stark.

Untersuche Stärke von Magneten.

1. Nimm dir zwei verschiedene Magnete.
2. Vermute, welcher Magnet stärker ist.
3. Finde es heraus.

Die Stärke von Magneten kannst du testen.
Hier siehst du zwei verschiedene Tests.

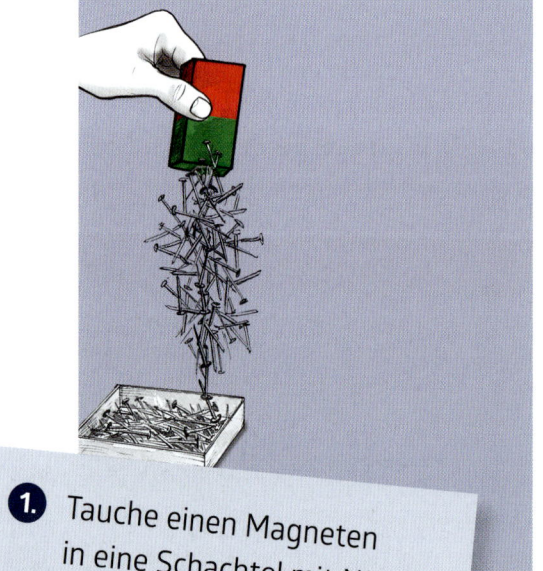

1. Tauche einen Magneten in eine Schachtel mit Nägeln.
2. Ziehe ihn wieder heraus.
3. Zähle, wie viele Nägel hängen geblieben sind.

1. Hänge so viele Büroklammern wie möglich in einer Kette an einen Magneten.
2. Zähle die Büroklammern der Kette.

Magnetismus · Was hält ein Magnet?

Wie weit wirkt der Magnet?

Magnete können auch etwas anziehen, das sie nicht direkt berühren.

Spiele mit Magneten.

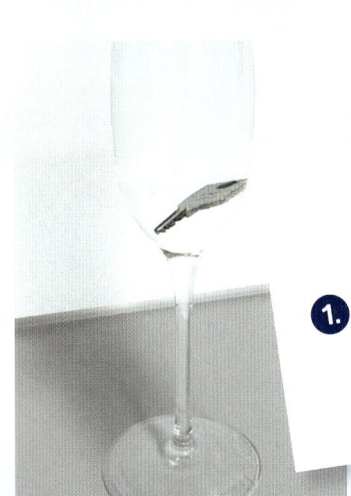

Im Wasserglas liegt ein Schlüssel. Du möchtest ihn herausnehmen, aber keine nassen Hände bekommen.

1. Hilft ein Magnet, um den Schlüssel herauszunehmen? Beschreibe, wie du vorgehen würdest.

2. Bringe die Schraube mithilfe eines Magnets in die abgebildeten Positionen.

3. Zeichne auf, wie du den Magneten dabei gehalten hast.

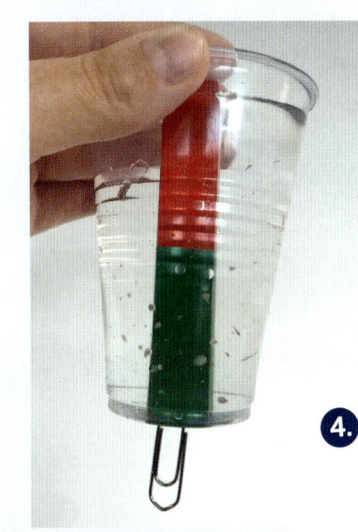

4. Wie hoch kannst du den Magneten im Wasser heben, ohne dass die Büroklammer herunterfällt?

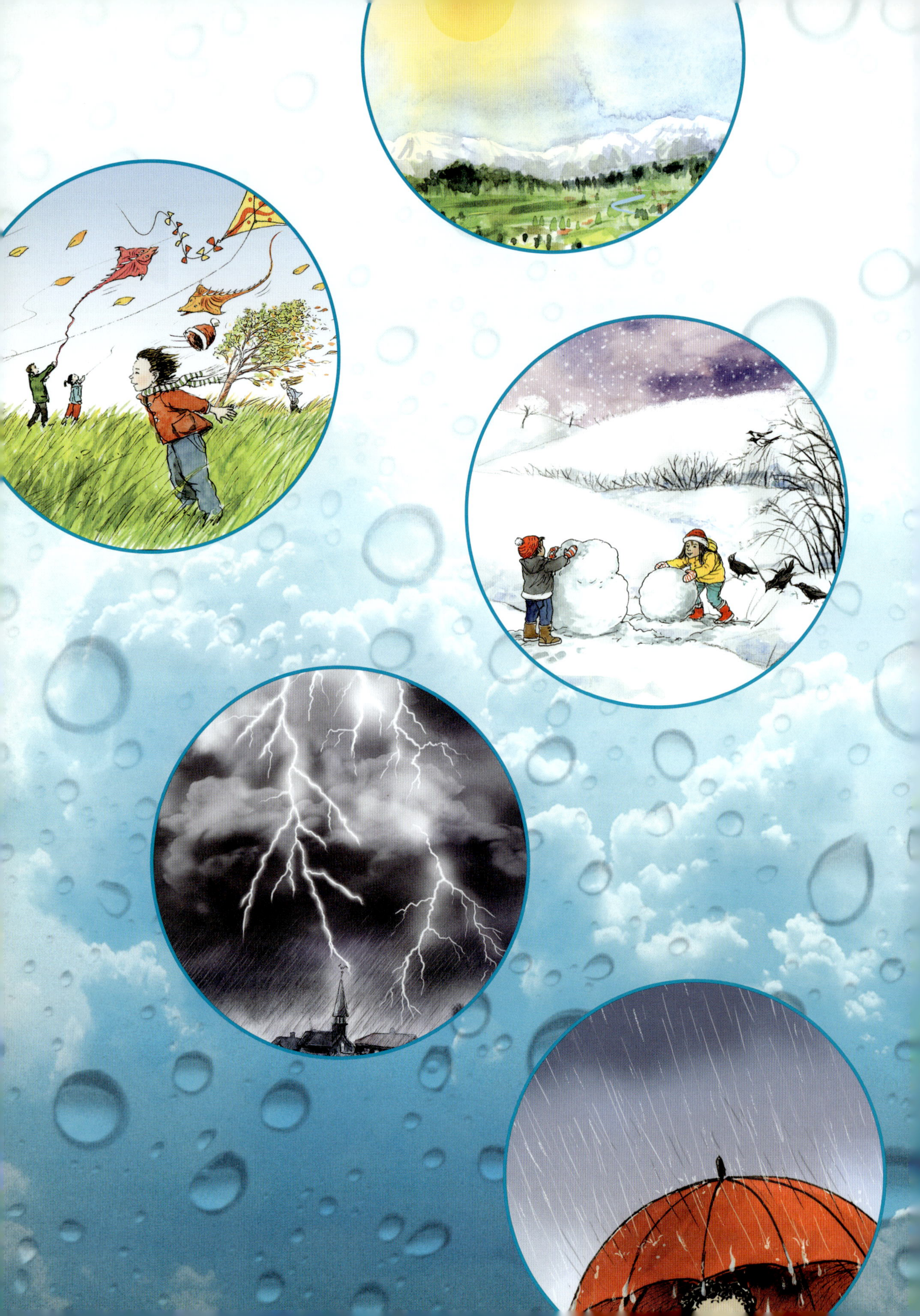

Der Himmel – Begleiter jeden Tag

Befasse dich mit dem Wetter, der Sonne und dem Mond.

1. Bei welchem Wetter bist du am liebsten draussen? Warum?
2. Welches Wetter siehst du auf den Bildern?
3. Wo steht die Sonne? Was weisst du über sie?

Wetter bedeutet mir ...

Wenn es im Winter schneit, freust du dich. Für den Strassenarbeiter bedeutet es härtere Arbeit. Wetter bedeutet nicht für alle Menschen dasselbe.

Denke über die Bedeutung von Wetter nach.

1. Was bedeuten für dich sonniges, windiges, regnerisches oder gewittriges Wetter?
2. Welches Wetter ist für die Menschen auf den Bildern am besten?
3. Warum sind Regen und Sonne für den Landwirt im Sommer wichtig?

Wetter und Himmelskörper · Der Himmel – Begleiter jeden Tag

Was leuchtet am Himmel?

Sonne, Mond und Sterne siehst du am Himmel. Du kannst beobachten, wie sie wandern.

Die Sonne ist heiss und leuchtet hell. Sie ist ein Stern. Ihr Licht ist so stark, dass es auf der Erde hell ist. Alle anderen Sterne sind sehr weit weg von uns. Du siehst sie als helle Punkte am Himmel.

Beobachte Sonne, Mond und Sterne.

1. Betrachte das Bild von der Sonne. Was findest du besonders?
2. Beobachte die Sonne. Wo geht die Sonne auf? Wo geht sie unter? Zeichne deine Beobachtungen.

Schaue nie direkt in die Sonne!

In der Nacht kannst du Mond und Sterne am Himmel entdecken. Der Mond scheint nicht selber. Die Sonne strahlt ihn an.

3. Betrachte das Bild des Mondes. Was findest du besonders interessant?

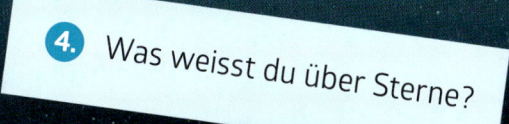

4. Was weisst du über Sterne?

NaTech 1|2

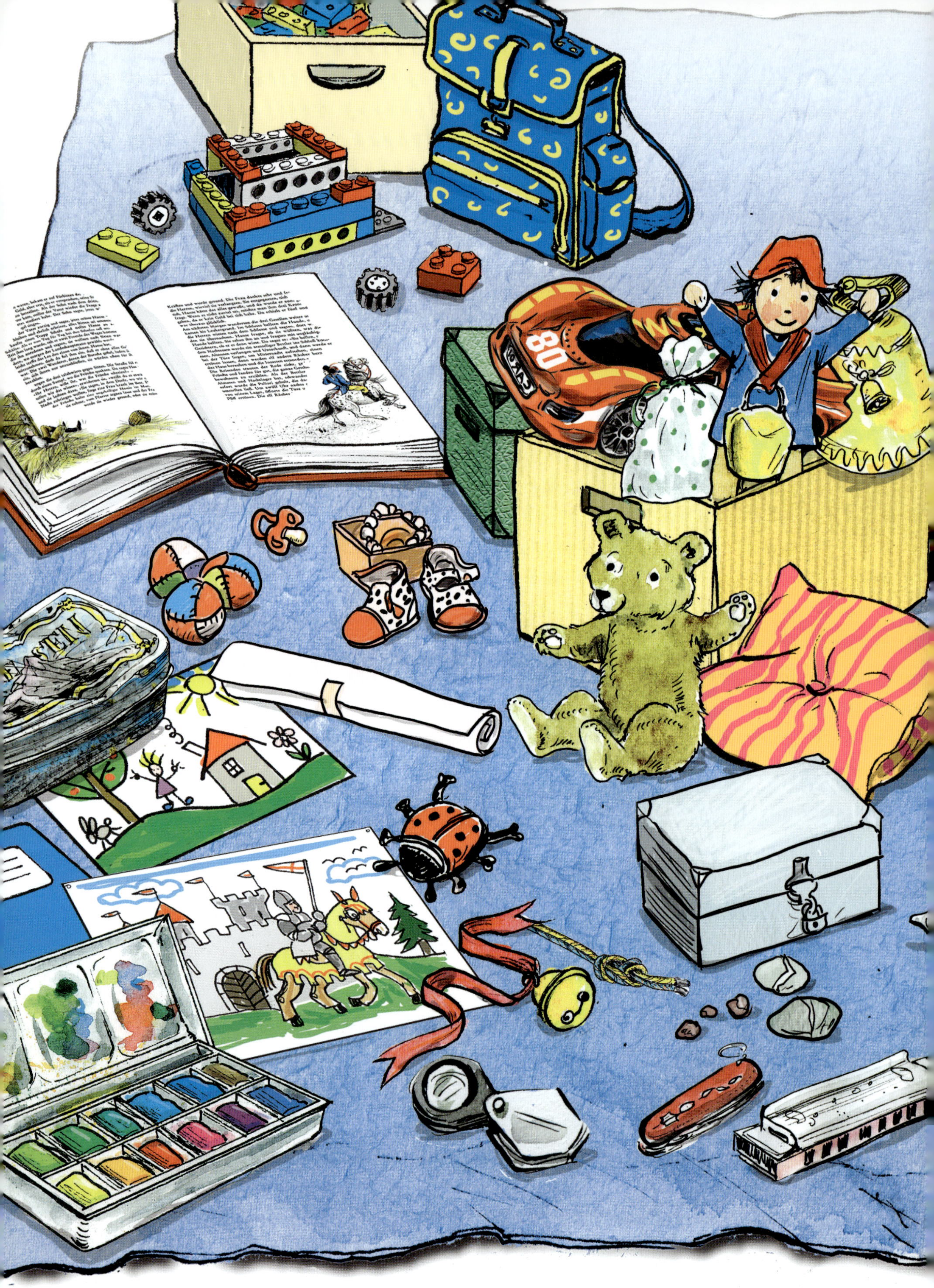
80

Ich bin ich, du bist du

Erkenne und beschreibe Interessen und Bedürfnisse.

1. Diese Dinge gehören Julia. Was mag Julia?
2. Welche Gegenstände auf der Decke sind auch dir wichtig?
3. Was würde auch noch auf deiner Decke liegen?

Freude oder Enttäuschung?

Gefühle und Interessen können verschieden sein.

Lerne angenehme und unangenehme Gefühle zu unterscheiden.

1. Was fühlen die einzelnen Kinder?
2. Wofür interessieren sich die Kinder?
3. Hast du schon ähnliche Situationen erlebt? Was hast du dabei gefühlt?

Was tun?

Du weisst genau, was du magst. Auch was du nicht magst, weisst du. Es ist wichtig, dass du das sagst.

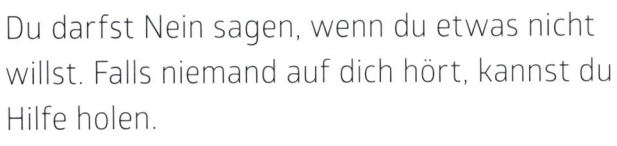

Jetzt stell dich nicht so an!

Übe das Neinsagen und das Hilfe holen.

1. Beschreibe die verschiedenen Situationen der Kinder.
2. Was können die Kinder sagen?
3. Bei wem können sie Hilfe holen?
4. Gibt es Situationen, die du nicht magst?

Du darfst Nein sagen, wenn du etwas nicht willst. Falls niemand auf dich hört, kannst du Hilfe holen.

Was bin ich?

Wir haben im Alltag verschiedene Rollen.

Entdecke Rollen im Alltag.

1. Welche Rolle haben die Personen auf den Bildern?
2. Welche Rollen hast du schon erlebt?

Identität · Ich bin ich, du bist du

Welches ist mein grösster Wunsch?

Was interessiert dich? Wovon träumst du?

Befasse dich mit Wünschen.

Deine Träume sind wichtig. Erzähle von deinen Wünschen. Höre zu, wovon andere Kinder träumen und welches ihre Wünsche sind.

1. Wovon träumen diese Kinder?
2. Was möchtest du gerne mal machen?
3. Wie können deine Wünsche Wirklichkeit werden?

1

2

3

8

9

10

Entwicklung · NaTech 1|2

Was wächst denn da?

Erkunde das Wachstum und die Entwicklung.

4

5

6

7

1. Was geschieht mit den Samen?
2. Was geschieht mit den Blüten?
3. Was geschieht mit dem Kürbis?

Pflanzen entwickeln sich

Alle Samen brauchen Wasser für die Keimung.
Alle Früchte entstehen aus Blüten.

Beobachte das Wachstum von Pflanzen.

Samen keimen in der Erde. In einem Glas kannst du die Keimung beobachten.
Du siehst wie Wurzel und Stängel wachsen.

1. Was wächst zuerst aus dem Samen? Warum wächst dieser Teil zuerst?

Aus den bestäubten Blüten des Apfelbaums entwickeln sich bis im Herbst Äpfel.
Sie enthalten Samen.

1. Was wird bei der Erdbeerblüte zur Erdbeere? Welche Teile fallen weg?

Entwicklung · Was wächst denn da?

Wunder der Verwandlung

Der Schmetterling verändert sich in seinem Leben stark.

«Schau ein Schwalbenschwanz!», freut sich Leonie. «Woher kommt er wohl?»
«Aus einem Ei, natürlich», antwortet Simon.
«Nein, aus der Raupe», sagt Leonie.
Wer hat Recht?

Lerne die Metamorphose kennen.

1. Ei
2. Raupe
3. Puppe
4. Schmetterling schlüpft
5. Schmetterling

Alle Tiere verändern sich, bis sie ausgewachsen sind. Das nennt man Entwicklung.
Manche Tiere verändern sich einmal im Leben aussergewöhnlich stark. Sie sind danach kaum wiederzuerkennen. Diese Verwandlung heisst Metamorphose.

1. Überlege, wie sich das Leben als Ei, Raupe, Puppe und Schmetterling unterscheidet. Denke an das Fressen und Bewegen.

2. Auf welchem Bild findet die Metamorphose statt?

Veränderungen über lange Zeit

Die Erde und ihre Lebensräume verändern sich ständig. Deshalb verändern sich auch die Lebewesen. Sie entwickeln neue Eigenschaften. Oder sie sterben aus.

Befasse dich mit Veränderungen von Lebewesen.

Archaeopteryx

Rotmilan

Die Menschen nutzen aus, dass sich Tiere und Pflanzen verändern können. Sie züchten Haustiere aus Wildtieren und neue Gemüse- und Obstsorten aus Wildpflanzen.

1. Der Archaeopteryx lebte zur Zeit der Dinosaurier. Vergleiche ihn mit dem Rotmilan. Was ist gleich? Was ist ähnlich? Was ist anders? Warum könnte das so sein?

Karotten früher

Karottensorten heute

2. Vergleiche die Karotten auf den alten Bildern mit den heutigen Karotten. Was hat sich verändert?

3. Warum züchten die Menschen neue Tierrassen und neue Pflanzensorten?

Entwicklung · Was wächst denn da?

Bei Kälte und Hitze besser überleben

Im Lauf eines Jahres kann es bei uns sehr kalt, aber auch sehr heiss sein. Die Tiere haben sich im Laufe der Jahrmillionen an diese Temperaturwechsel angepasst.

Wenn Schnee liegt und es kalt ist, finden die Tiere wenig Futter. Sie haben sich unterschiedlich daran angepasst. Manche Vögel fliegen in wärmere Gebiete. Andere Tiere ruhen oder schlafen im Winter.

Denke über die Anpassungen an die Jahreszeiten nach.

1. Wie überleben diese Tiere die Kälte im Winter?

2. Wie schützen sich diese Tiere vor der Hitze des Sommers?

Grasfrosch · Weissstorch · Honigbiene · Igel

Auch Pflanzen haben sich an den Winter angepasst. Manche überleben als Zwiebel im Boden. Manche Bäume verlieren ihre Blätter, damit sie weniger Wasser verdunsten.

Wir Menschen sind gut an die Hitze angepasst. Wir schwitzen über die Haut und kühlen uns so ab.

3. Wie kühlt sich ein Hund ab?

Bild- und Quellenverzeichnis

UMSCHLAG
oben links nach unten: ©Anatolii/Fotolia, ©Dimitar Petarchev/123RF, ©Mikhail Kokhanchikov/123RF, ©dule964 Fotolia, ©Vahe/Colourbox, ©Xavier/Fotolia, ©design56/Fotolia, ©PRILL Mediendesign/Fotolia, ©Marion González, ©electriceye/Fotolia, ©bluedesign/Fotolia, ©Achim Prill /123RF, ©fotomaster/Fotolia, ©PRILL Mediendesign/Fotolia, ©33grad/Fotolia, ©Fotoschlick/Fotolia

STOFFE
Seite 6 oben links nach unten rechts: ©ALF photo/Fotolia, ©Alex Green/Fotolia (2), ©PRILL Mediendesign/Fotolia, ©dosunets/Fotolia, ©MaryPerry/Fotolia, ©Dmitriy Syechin/Fotolia, ©Coprid/Fotolia, ©tomalu/Fotolia, ©euthymia/Fotolia, ©devulderj/Fotolia, ©Himmelssturm/Fotolia, ©Birgit Reitz-Hofmann/Fotolia, ©Marion González, ©euthymia/Fotolia **Seite 7** oben rechts nach unten rechts: ©stockpics/Fotolia, ©MaryPerry/Fotolia, ©PRILL Mediendesign/Fotolia, ©marco zampieri/Fotolia, ©Halfpoint/Fotolia, ©tunedin/Fotolia, ©istante/Fotolia, ©cosma/Fotolia, ©remar/Fotolia, ©Petr Malyshev/Fotolia, ©Coprid/Fotolia, ©Georgios/Fotolia, ©bpstocks/Fotolia **Seite 8** oben links nach unten rechts: ©Mariusz Blach/Fotolia, ©Coprid/Fotolia, ©Christian HOFFMANN/Fotolia, ©kozini/Fotolia, ©remar/Fotolia, ©womue/Fotolia, ©Giuseppe Porzani/Fotolia, ©fontgraf/Fotolia, ©Lukas Gojda/Fotolia **Seite 9**: ©Gaby Schweizer **Seite 10** oben links nach unten rechts: ©Sven Bähren/Fotolia, ©Feng Yu/Fotolia, ©abcmedia/Fotolia, ©Alex Green/Fotolia, ©PRILL Mediendesign/Fotolia, ©Bert Folsom/Fotolia, ©Dmitriy Syechin/Fotolia, ©devulderj/Fotolia **Seite 11** Mitte rechts: ©Marion González, unten: ©Gaby Schweizer

TECHNIK
Seite 12 oben rechts nach unten rechts: ©Dmitry Naumov/Fotolia , ©Westend61/Fotolia, ©Gaby Schweizer, ©pure-life-pictures/Fotolia (2), segovax/pixelio.de, ©Westend61/Fotolia, ©Gaby Schweizer, ©alisseja/Fotolia, ©photka/Fotolia, Martin Berk/pixelio.de, ©st-fotograf/Fotolia, ©Max Topchii/Fotolia **Seite 13** oben nach unten: ©Gaby Schweizer, ©st-fotograf/Fotolia, Marcel Erler/pixelio.de, ©photka/Fotolia **Seite 14** ©Pädagogische Hochschule Zürich **Seite 15** oben rechts nach unten rechts: ©Lucky Dragon/Fotolia, ©VRD/Fotolia, ©v.poth/Fotolia, ©V.R.Murralinath/Fotolia, ©taddle/Fotolia, ©Neobrain/Fotolia, ©nata_rass/Fotolia, ©Petr Malyshev/Fotolia, ©Friedberg/Fotolia, ©Jose Ignacio Soto/Fotolia, ©donatas1205/Fotolia, ©Cpro/Fotolia, ©imagesab/Fotolia, ©Cpro/Fotolia, ©Himmelssturm/Fotolia, ©ericlefrancais1/Fotolia, ©Nikolai Sorokin/Fotolia, ©Jon Le-Bon/Fotolia, ©bizoo_n/Fotolia **Seite 16** Mitte links nach unten rechts: Martin Berk/pixelio.de, segovax/pixelio.de, ©Gaby Schweizer, Marcel Erler/pixelio.de **Seite 17**: in: Karussell, Themenheft, ©2005 Schulverlag plus AG

SINNE
Seite 20 oben links nach unten rechts: ©Tiler84/Fotolia, ©Guido Grochowski/Fotolia, ©Thomas Söllner/Fotolia, ©tournee/Fotolia, ©PRILL Mediendesign/Fotolia, ©by-studio/Fotolia, ©Mr Twister/Fotolia, ©Martinan/Fotolia, ©jcpjr/Fotolia, ©Carola Schubbel/Fotolia **Seite 21**: in: Karussell, Themenheft, ©2005 Schulverlag plus AG **Seite 22** Mitte links nach unten: ©yuratosno/Fotolia, ©Stefan Müller/Fotolia, ©diabluses/Fotolia, ©Smileus/Fotolia, ©Pakhnyushchyy/Fotolia

KÖRPER
Seite 24, 25 (Hintergrund): ©greenpapillon/Fotolia **Seite 26** unten links: ©Sebastian Kaulitzki/Fotolia **Seite 27** Mitte links nach unten rechts: ©Dan Race/Fotolia, ©Kzenon/Fotolia, ©Dieter Hawlan/Fotolia, ©Mikkel Bigandt/Fotolia, ©vbaleha/Fotolia **Seite 28** Mitte links nach unten rechts: ©z10e/Fotolia, ©karandaev/Fotolia, ©norikko/Fotolia **Seite 29** oben links: ©Fischer Food Design/Fotolia, oben rechts: ©Westend61/Fotolia

VIELFALT
Seite 32 (Blätter): ©Carola Vahldiek/Fotolia (2), ©emer/Fotolia; (Nadeln): ©emer/Fotolia (2); (Fichte): ©Fotolyse/Fotolia; (Weisstanne): ©Maria Brzostowska/Fotolia **Seite 33** unten rechts: ©ganryu/Fotolia **Seite 34** Mitte links nach unten rechts: ©emer/Fotolia, ©zkbld/Fotolia, ©nounours1/Fotolia, ©schankz/Fotolia, Thuringius/Wikipedia, mauritius images/imageBROKER/Simon Belcher, ©Marco2811/Fotolia, ©blickpixel/Fotolia, ©electriceye/Fotolia, ©Marion González, ©lantapix/Fotolia, ©romy mitterlechner/Fotolia, ©swild.ch, ©dule964/Fotolia **Seite 35** Mitte links nach Mitte unten: ©Jürgen Fälchle/Fotolia, ©Brightlight/Fotolia, ©Vera Kuttelvaserova/Fotolia, ©travelguide/Fotolia, ©svenaw/Fotolia, ©EinBlick/Fotolia **Seite 36** Mitte: ©pit24/Fotolia, unten: ©Jürgen Fälchle/Fotolia **Seite 37** von oben links nach unten: Lienhard Schulz/Wikipedia, ©derevo30/Fotolia, ©dieter76/Fotolia, ©spuno/Fotolia

MAGNETISMUS
Seite 44 (Kreise): ©Gribanov/Fotolia (2) ©Joachim Wendler/Fotolia, ©Xuejun li/Fotolia, ©Pavel Losevsky/Fotolia, (Hintergrund): ©Engelmann/Fotolia, ©Fotoschlick/Fotolia, ©K. Dobler/Fotolia, ©devulderj/Fotolia, ©PRILL Mediendesign/Fotolia, ©asafeliason/Fotolia **Seite 45** (Kreise): ©pisarevg/Fotolia, ©tanawatpontchour/Fotolia, ©Aleksandr Ugorenkov/Fotolia, ©Vra.K./Fotolia, (Hintergrund): ©Engelmann/Fotolia, ©PRILL Mediendesign/Fotolia, ©asafeliason/Fotolia, ©devulderj/Fotolia, ©Fotoschlick/Fotolia, ©K. Dobler/Fotolia, ©Pädagogische Hochschule Zürich **Seite 46** oben: ©fotoember/Fotolia, unten rechts: ©Pädagogische Hochschule Zürich **Seite 47** Mitte rechts: ©devulderj/Fotolia, ©Elisa Perusin/Fotolia, unten links: ©K. Dobler/Fotolia **Seite 48** oben: ©Pädagogische Hochschule Zürich **Seite 49**: ©Pädagogische Hochschule Zürich

WETTER UND HIMMELSKÖRPER
Seite 50/51 (Hintergrund): ©paisan191/Fotolia **Seite 52** oben links nach unten rechts: ©Olesia Bilkei/Fotolia, ©yanlev/Fotolia, ©famveldman/Fotolia, ©Gennadiy Poznyakov/Fotolia, ©christian42/Fotolia, ©lightpoet/Fotolia **Seite 53** oben rechts: ©kevron2001/Fotolia, Mitte rechts: ©Cylonphoto/Fotolia, (Hintergrund): ©SkyLine/Fotolia

IDENTITÄT
Seite 56 oben rechts: Illustration: Karin Widmer, in: Konfetti, Themenheft, ©2002 Schulverlag plus AG

ENTWICKLUNG
Seite 60/61 (Hintergrund): ©Jürgen Fälchle/Fotolia **Seite 62** Mitte unten: ©RRF/Fotolia, unten rechts: ©kharlamova_lv/Fotolia **Seite 63**: ©JPS/Fotolia **Seite 64** unten rechts: ©andrewbalcombe/Fotolia **Seite 65** Mitte links nach rechts: ©emer/Fotolia, ©Alexander von Düren/Fotolia, ©Alekss/Fotolia, ©Superingo/Fotolia, unten rechts: ©were/Fotolia, ©Nadine Haase/Fotolia

Nicht in allen Fällen war es dem Verlag möglich, den Rechteinhaber ausfindig zu machen. Berechtigte Ansprüche werden im Rahmen der üblichen Vereinbarungen abgegolten.

FAIR KOPIEREN!
URHEBERRECHT ACHTEN.
www.fair-kopieren.ch